Mon atelier origami FACILE

La nature

mila éditions

Abeille

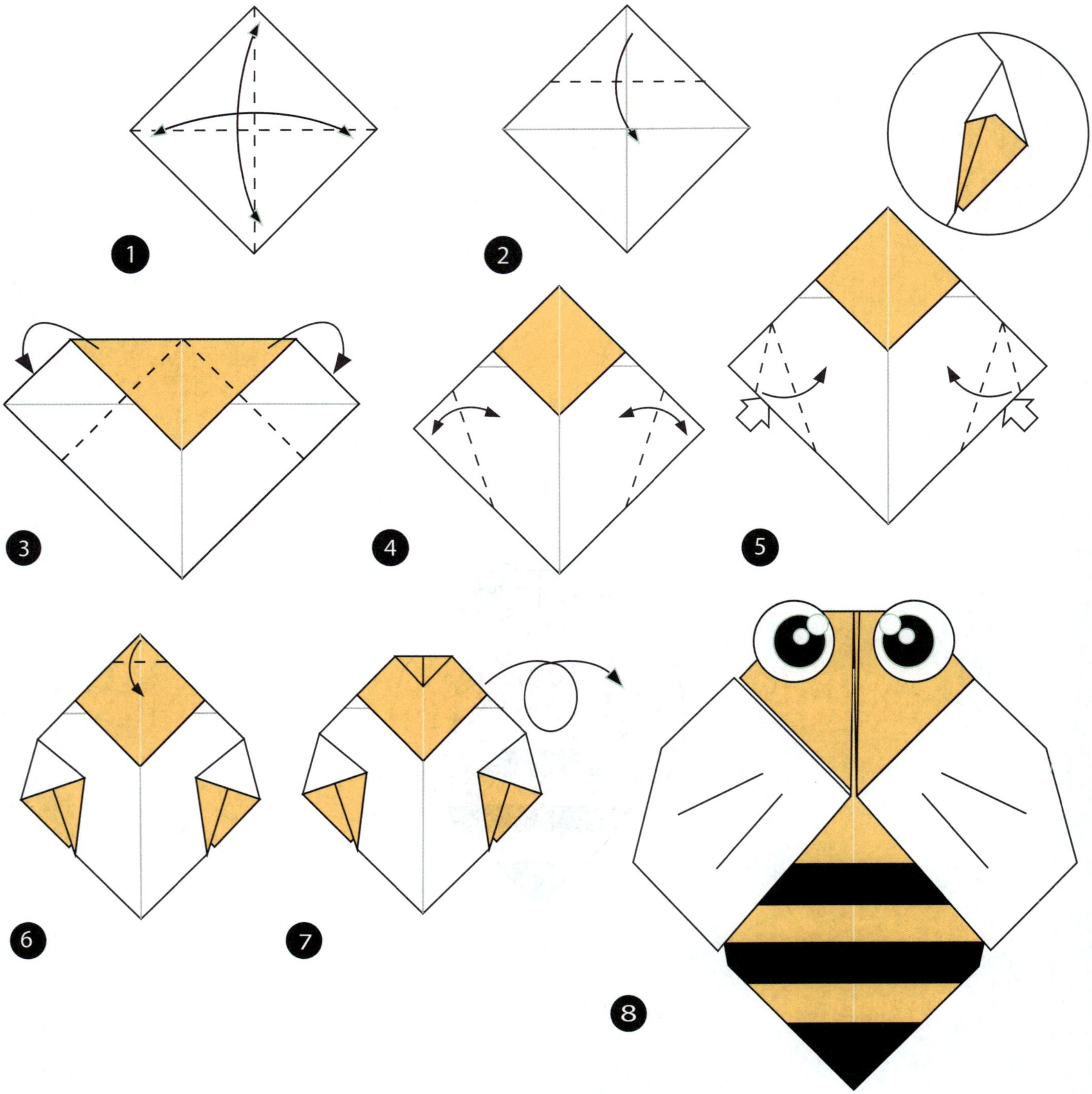

Tulipe

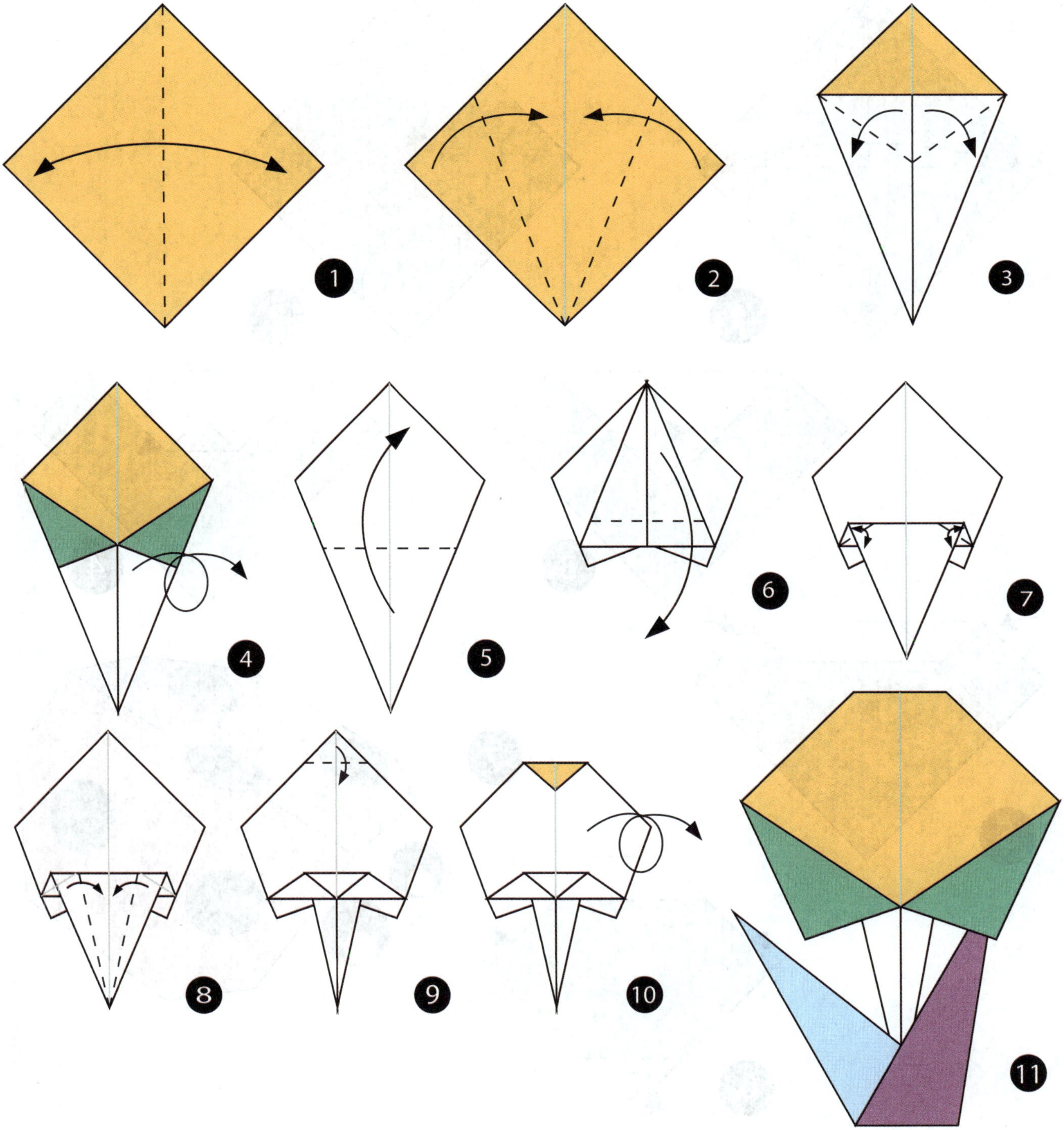

Coccinelle

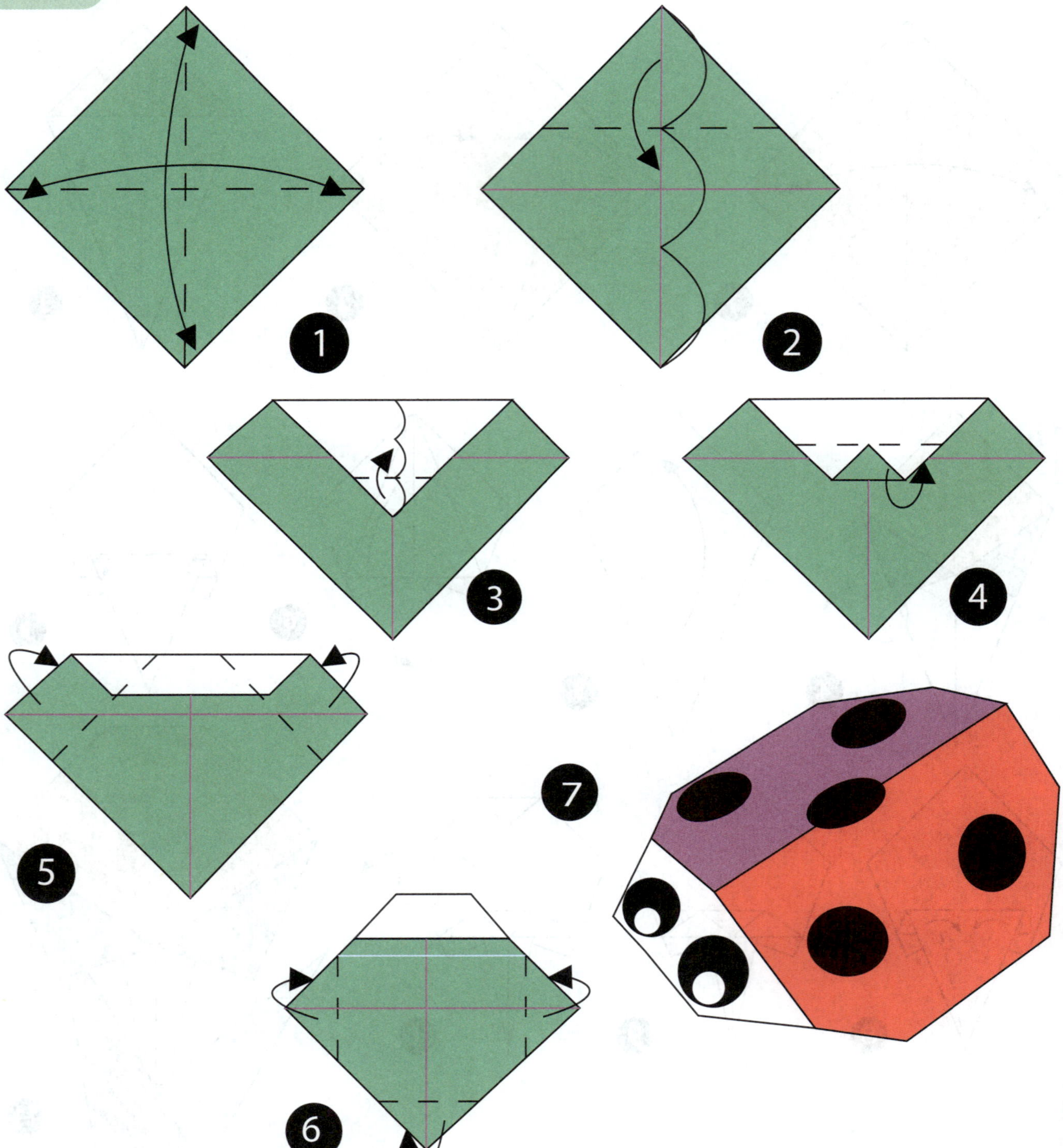

Grenouille

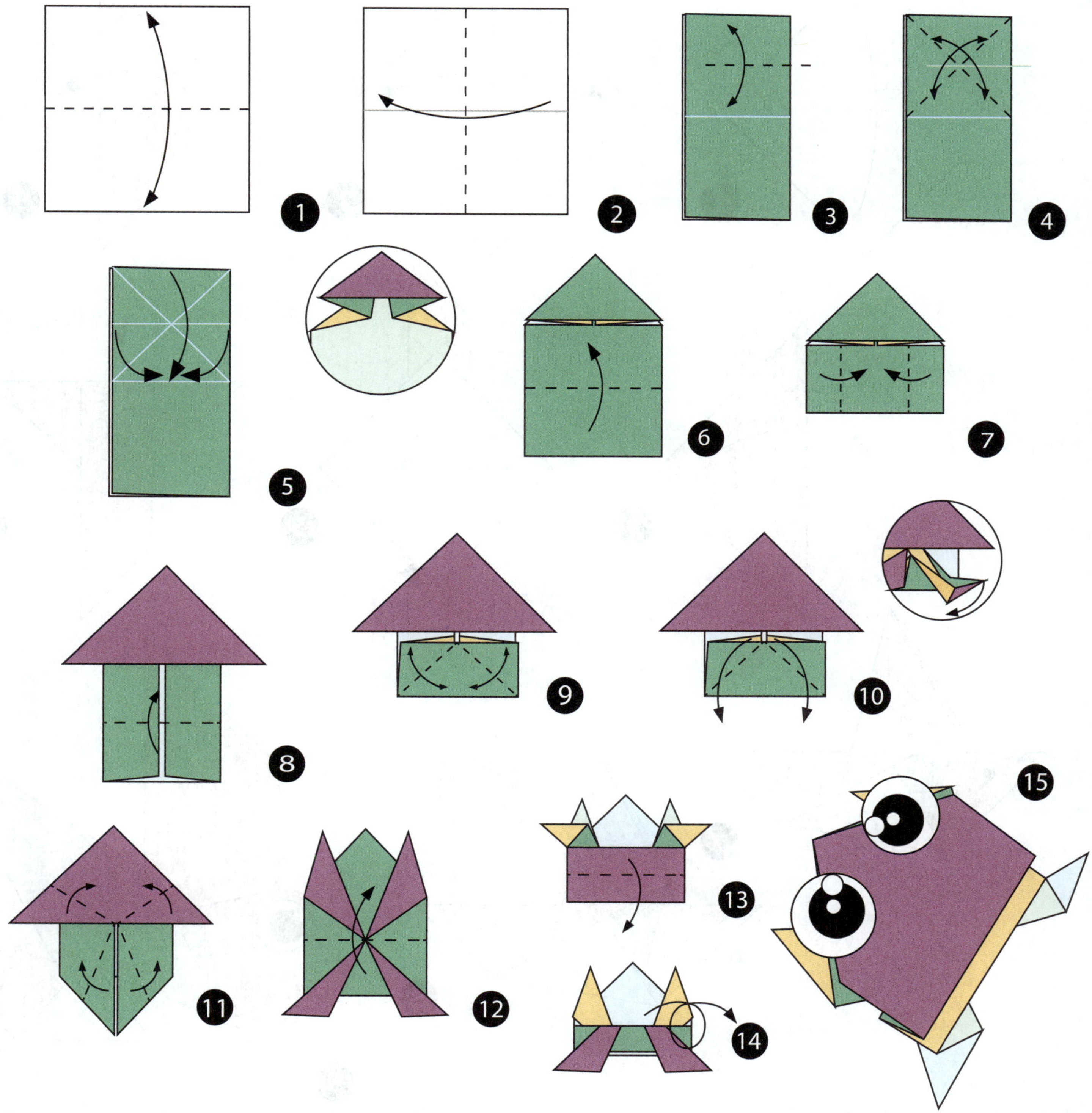

Perroquet

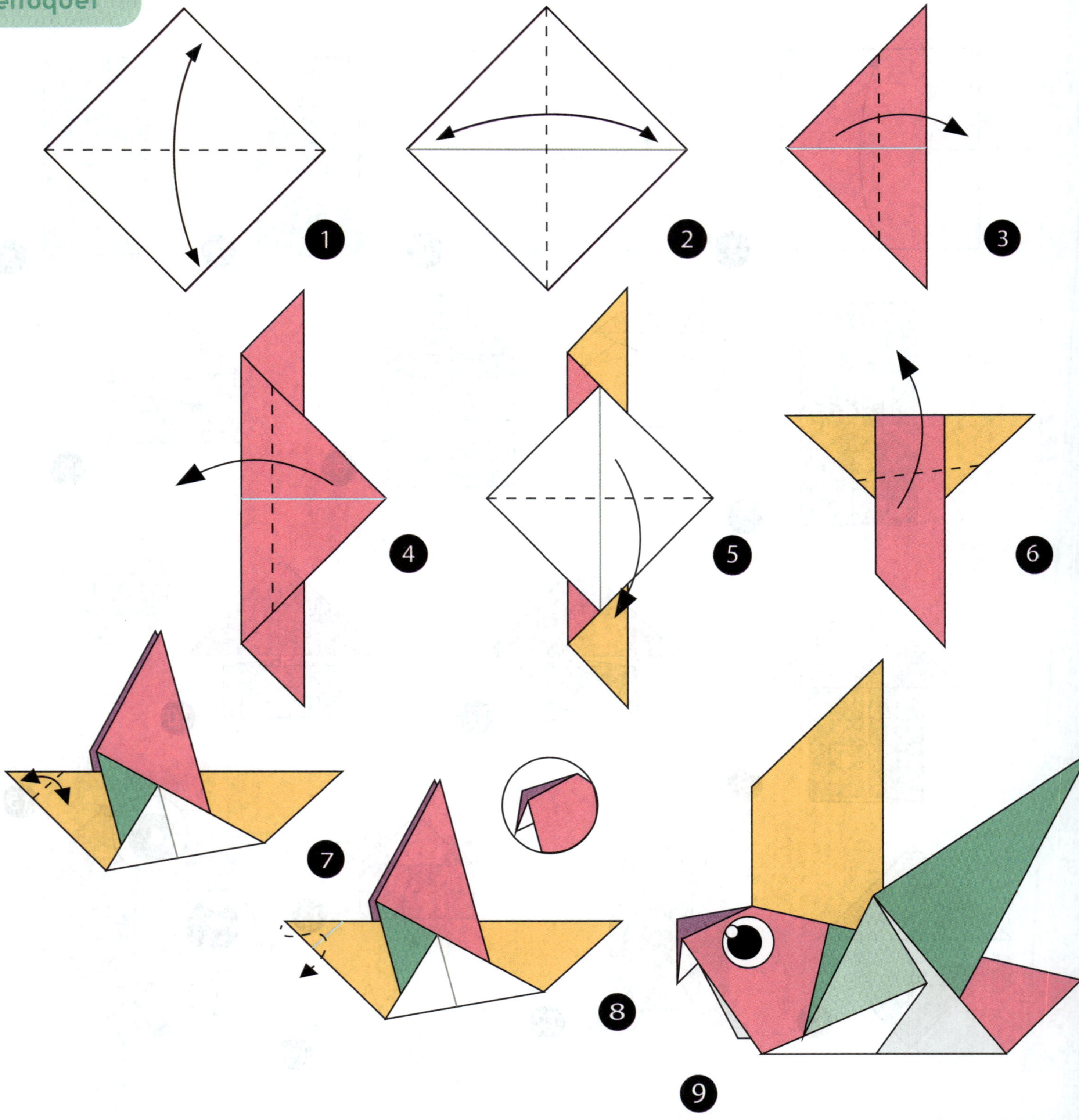

Fleur de cerisier

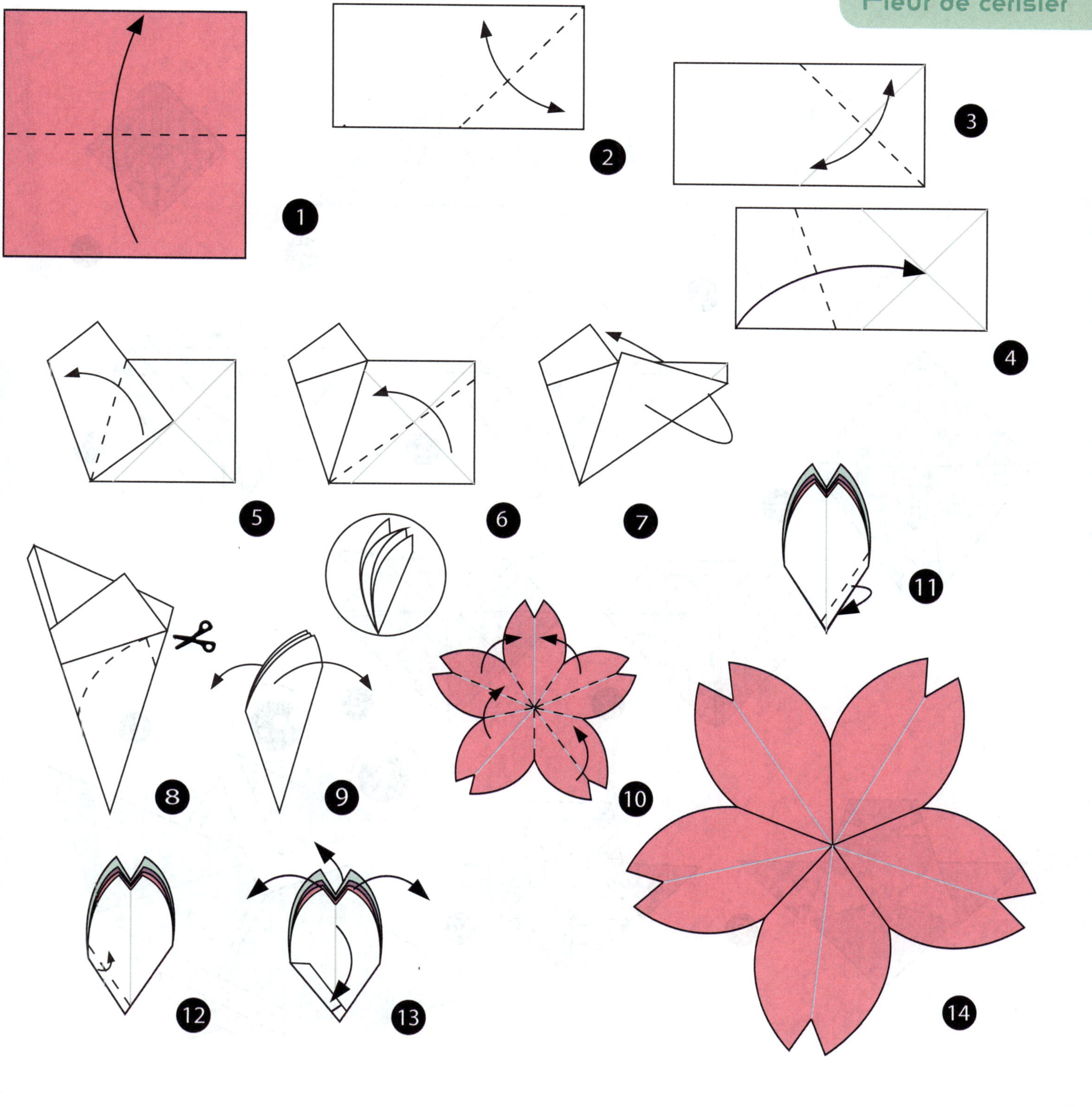

Cigale

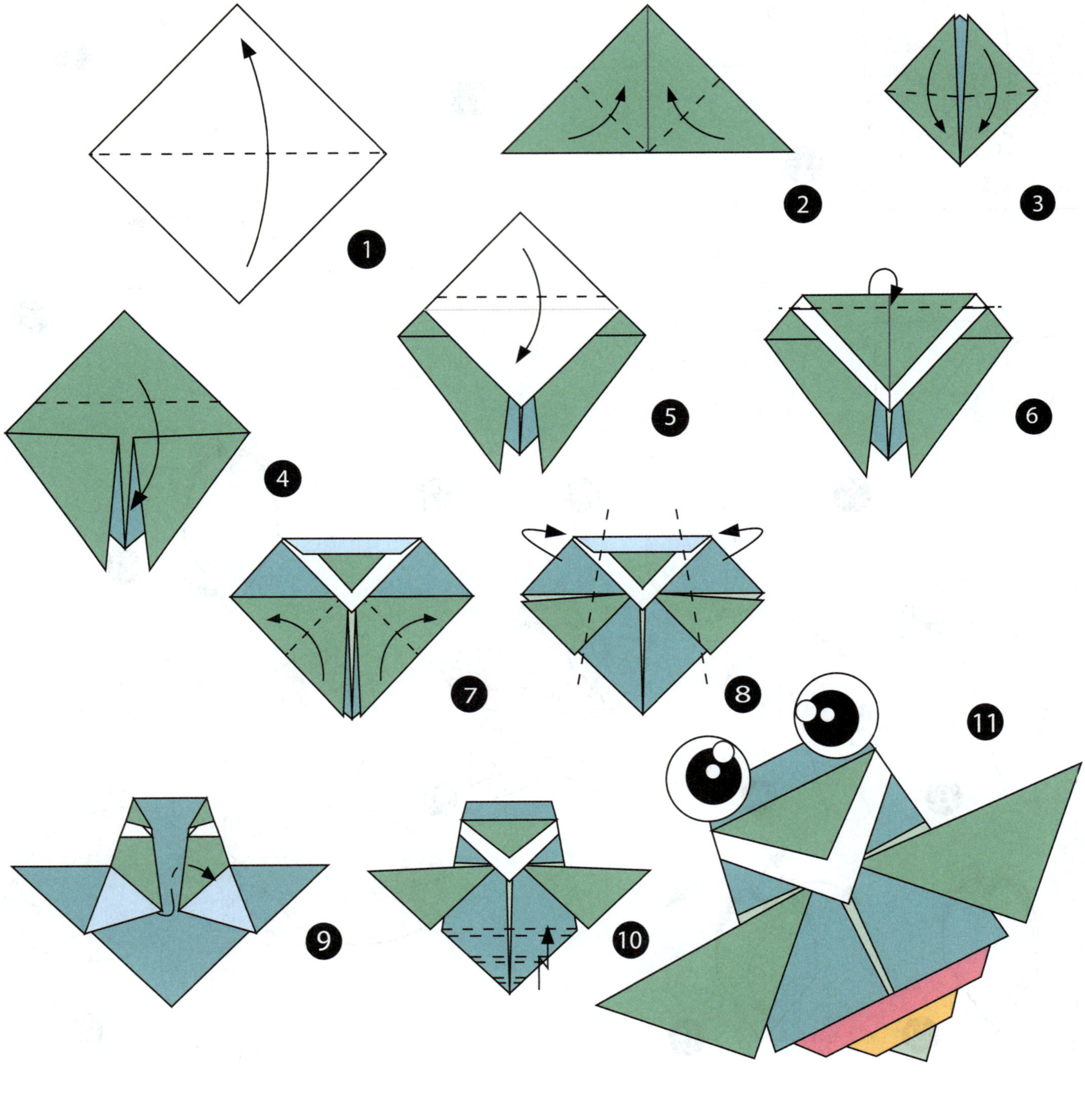

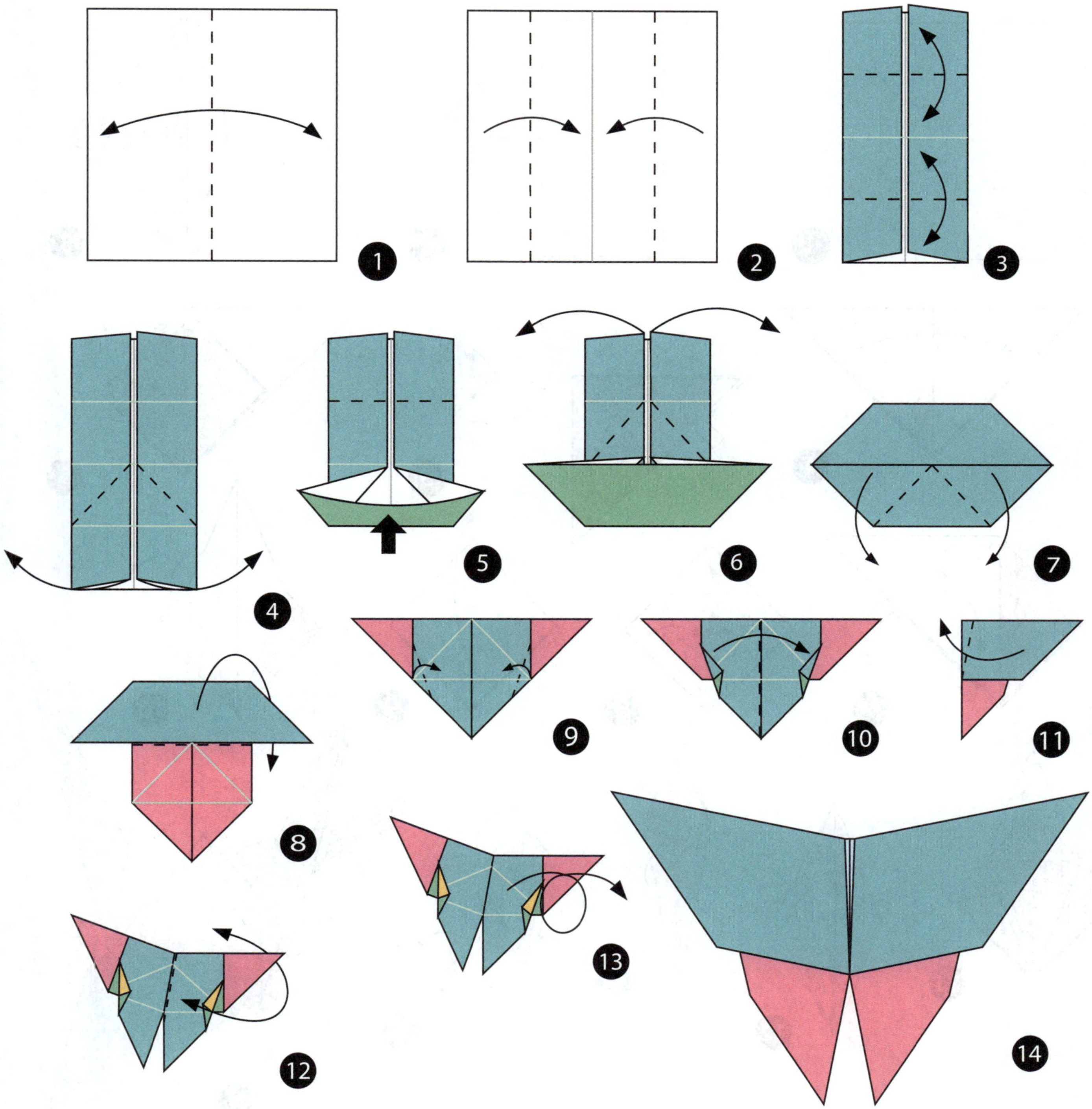
1
2
3
4
5
6
7
8
9
10
11
12
13
14

Grue

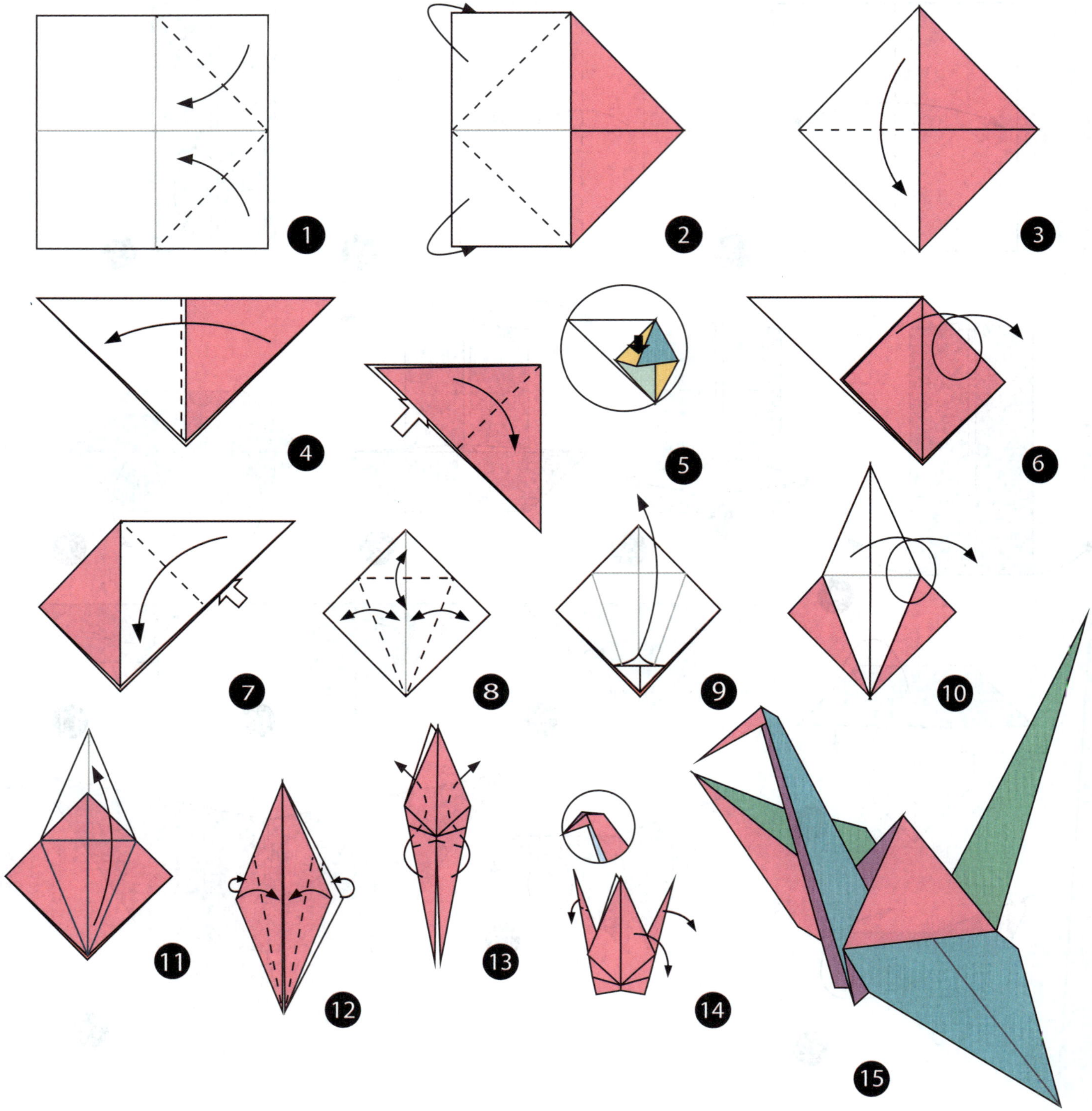

Lucane

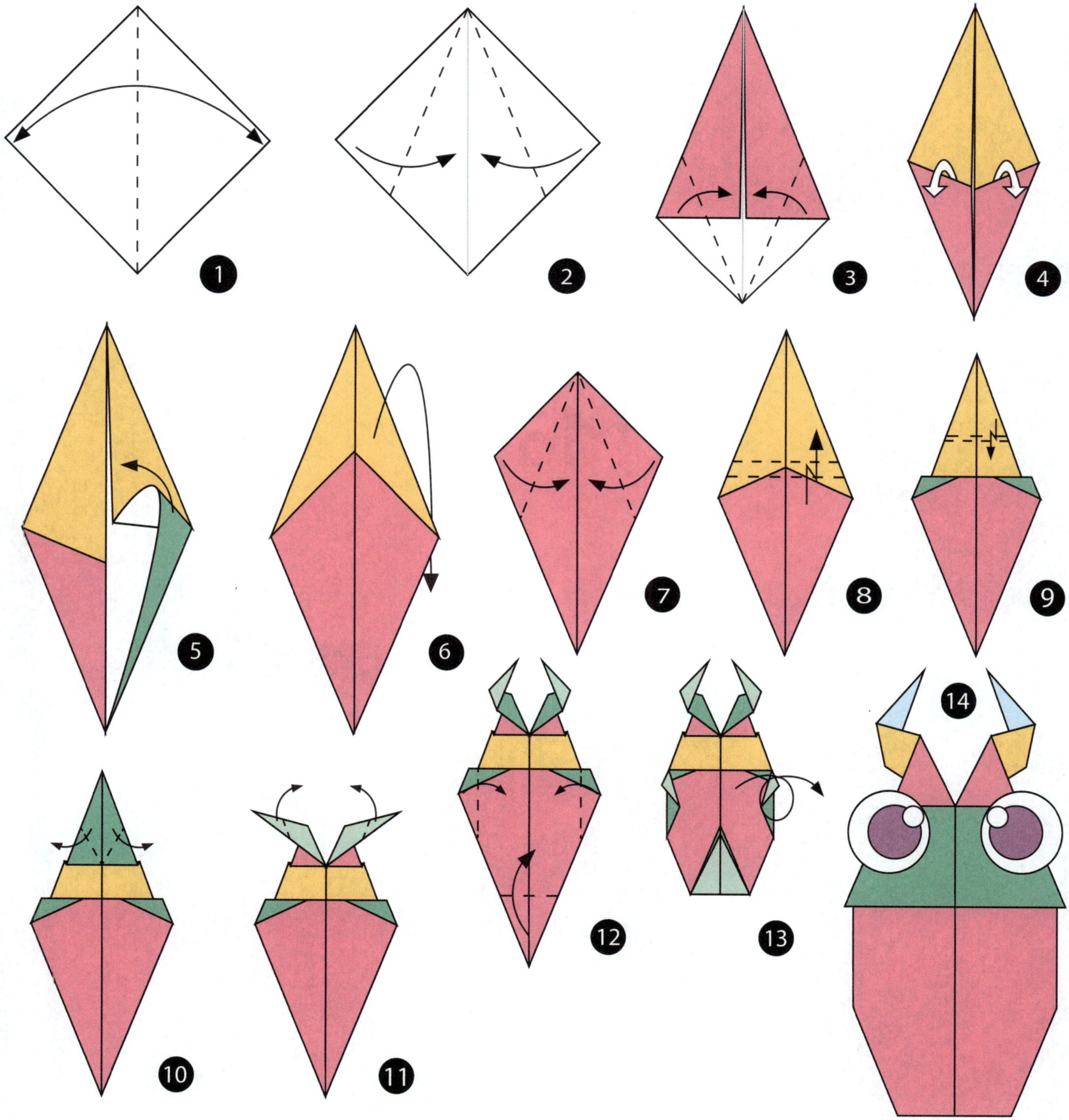

Motifs

ute les autocollants
ur tes origamis !